Impressum

[mairisch 99]
1. Auflage, 2024
© der deutschen Ausgabe: mairisch Verlag 2024
www.mairisch.de

Originalausgabe:
»L'île aux vélos«
Copyright © 2023 Editions Cambourakis
Übersetzung aus dem Französischen: Nele Deutschmann
Korrektorat: Annegret Schenkel | www.korrektorat-schenkel.de
Lettering: Tanja Esch

Druck: PNB Print, Lettland
Alle Rechte vorbehalten

ISBN 978-3-948722-31-9

Dieses Buch erscheint im Rahmen des Förderprogramms des Institut Français

SOMMER AUF DER FAHRRADINSEL

ARIANE PINEL

Aus dem Französischen von Nele Deutschmann

mairisch verlag

In den Sommerferien ist Zoé bei ihrer Cousine Louise eingeladen.

Louise ist auf eine Insel gezogen, auf der es keine Autos gibt.

TUT TUUUUT

Um sie zu besuchen, muss man mit einem großen Boot fahren.

Auf der Insel fahren alle mit dem Fahrrad.

kling
   kling
      kling
         kling   kling
            kling   kling
                       kling

wuschhh

PORT
COUSTIC

Zoé und Louise dürfen
ganz allein einkaufen gehen.

Jeden Tag gehen sie auf Abenteuerreise.

JUHUUU!

Zoé hat manchmal Probleme, die Gänge zu wechseln.

Und sie findet es schwierig, bei Regen oder Sturm zu fahren.

Louise kann mit ihrem Fahrrad unglaubliche Kunststücke machen. Einige davon bringt sie ihrer Cousine bei.

Als ihr Vorderreifen einen Platten hat,

lernt Zoé sogar, wie sie ihr Fahrrad reparieren kann.

Sie ist richtig stolz, als sie für das Abendessen
einen Korb voller Herzmuscheln, Venusmuscheln
und Strandschnecken mit nach Hause bringt.

Aber der Sommer geht zu Ende und die Feriengäste müssen
die Insel verlassen. Auf der Fähre nimmt Zoé sich vor, ab jetzt
jeden Tag Fahrrad zu fahren.

Zurück auf dem Festland erklären Zoés
Eltern ihr, dass das Fahrradfahren auf
der Straße viel zu gefährlich ist.

Sie darf nur auf dem Hof fahren.

Um zur Schule oder zum Einkaufen zu kommen, nehmen sie
IMMER das Auto.

Dabei fahren doch viele Leute in der Stadt mit dem Fahrrad ...

Aber ihre Eltern bleiben stur.

Eines Morgens beschließt Zoé, auf die Insel zurückzukehren. Sie schwingt sich auf ihr Fahrrad und fährt in Richtung Meer.

Am Stadtrand wird sie von einem Elektroauto
gestreift. Dann fängt jemand an zu brüllen.

Trotz ihres Schreckens lässt sich Zoé nicht beirren.

Die Fahrerin ist eine Youtuberin. Sie ist berührt von Zoés Entschlossenheit und dreht ein kurzes Video.

Zoé radelt den ganzen Tag.
Am Abend fällt es ihr schwer einzuschlafen.
Ihr ist kalt und sie denkt an ihre Eltern, die sich
bestimmt Sorgen machen.

Als sie am nächsten Morgen aufwacht, ist Zoé
von Presseleuten umringt. In der Nacht ist sie
durch das Video im Internet berühmt geworden.

Endlich treffen Zoés Eltern ein.
Sie sind so gerührt, dass sie beschließen,
sich von ihrem geliebten Auto zu trennen.

Und sie sind nicht die Einzigen!

Das Video ging um die ganze Welt
und alle finden Autos jetzt überflüssig.

Rrrrrr

Rrrrr

Einige werden eingeschmolzen, um neue Fahrräder herzustellen.

Die meisten werden zu Hütten, Gewächshäusern, Hühner-
ställen, Bienenstöcken oder Bibliotheken umgebaut.

Bsssss

Bssss

Die Lastwagen werden
zu Konzertbühnen
oder Eisdielen.

Die Autobahnen werden zu gigantischen Radwegen.

Das ist sehr praktisch, wenn man in den Ferien zur Fahrradinsel zurück möchte!